SOCIÉTÉ GÉNÉRALE D'ÉDUCATION ET D'ENSEIGNEMENT

35, rue de Grenelle.

DE LA CONSTITUTION DES SOCIÉTÉS EN VUE DE L'ÉTABLISSEMENT D'ÉCOLES LIBRES

Par MM.

BENOIST,
Ancien avocat général près la Cour de Cassation.

A. D'HERBELOT,
Ancien avocat général près la Cour d'Appel de Paris.

A. PAGÈS,
Ancien substitut du procureur général près la Cour d'Appel de Paris.

Extrait du Bulletin

de la Société générale d'Éducation et d'Enseignement du 15 juin 1882.

Prix : **60** centimes.

PARIS

LIBRAIRIE DE LA SOCIÉTÉ BIBLIOGRAPHIQUE

MAURICE TARDIEU directeur.

195 BOULEVARD SAINT-GERMAIN

1882

SOCIÉTÉ GÉNÉRALE D'ÉDUCATION ET D'ENSEIGNEMENT

CONSEIL GÉNÉRAL DE LA SOCIÉTÉ

PRÉSIDENT : **M. Chesnelong**, sénateur, rue Cassette, 11.

VICE-PRÉSIDENTS : **MM. Connelly**, conseiller honoraire à la Cour de cassation, doyen honoraire de la faculté libre de droit de Paris, 26, rue de la Chaise.
Baudon, place du Palais-Bourbon, 6.
Ernoul, ancien ministre, 123, rue de Lille.
de La Bassetière, député, 30, rue Barbet-de-Jouy.
Keller, ancien député, rue d'Assas, 14.

SECRÉTAIRE GÉNÉRAL : **M. A. de Claye**, ancien auditeur au Conseil d'État, 4, rue de Babylone.

SECRÉTAIRE GÉNÉRAL HONORAIRE : **M. Paul Lauras**, ancien préfet.

SECRÉTAIRES ADJOINTS : **Barthélemy Terrat**, professeur à l'Institut catholique de Paris, rue Saint-Romain, 18.
Octave Larcher, professeur à l'Institut catholique de Paris, rue de Varennes, 88.

TRÉSORIERS : **MM. Cauchy**, rue Garancière, 7.
Ch. Hamel, administrateur de l'Institut catholique, 29, rue de Tournon.

MEMBRES DU CONSEIL GÉNÉRAL DE LA SOCIÉTÉ

MM.

Gabriel Alix, professeur à l'Institut catholique, rue de Sèvres, 23.
Charles Audley, ancien professeur, rue d'Assas, 104.
Le R. P. Monsabré.
F. Beslay, rue de Seine, 6.
Lucien Brun, sénateur, rue de Vaugirard, 31.
Champetier de Ribes, avocat à la Cour d'appel, 4, rue de Louvois.
L. de Crouzas-Crétet, ancien auditeur au Conseil d'État, 74, r. des Sts-Pères.
Le R. P. Chauveau, avenue Bosquet, 13.
Delamarre, avocat à la Cour d'appel, boulevard Saint-Germain, 216.
Depeyre, ancien garde des sceaux, ancien sénateur, rue du Bac, 97.
Le docteur **Désormeaux**, rue de Verneuil, 11.
Anicet Digard, avocat à la Cour d'appel, rue Neuve-des-Petits-Champs, 97.
Le docteur **Ferrand**, rue du Bac, 110.
De Franqueville, ancien maître des requêtes au Conseil d'État, au château de la Muette, Paris-Passy.
Le vicomte de Gontaut-Biron, ancien ambassadeur, sénateur, boulevard de la Tour-Maubourg, 9.
D'Herbelot, ancien avocat général près la Cour d'appel de Paris, 4, rue de Tournon.
Mgr d'Hulst, vicaire général de Paris, rue de Vaugirard, 72.

MM.

Le T. H. frère Irlide, supérieur général de l'Institut de la Doctrine Chrétienne, rue Oudinot, 27.
Kolb-Bernard, sénateur, 14, rue de Tournon.
Le Camus, rue de Lille, 19.
Le R. P. Lécuyer.
Édouard Lefébure, 217, boulevard Saint-Germain.
Le R. P. Lescœur, de l'Oratoire, rue de la Tour-d'Auvergne, 33.
Le baron de Mackau, député, avenue d'Antin, 22.
A. Mascarel, ancien magistrat, 49, rue de Madame.
Eugène Massu, avocat à la Cour d'appel, rue François Ier, 23.
Merveilleux du Vignaux, ancien premier avocat général, doyen de la faculté libre de Droit, rue Vanneau, 15.
Le comte de Moustier, rue de Grenelle-Saint-Germain, 85.
Le comte Albert de Mun, ancien député, 38, rue François Ier.
Le baron de Ravignan, sénateur, place Vendôme, 12.
De Fontaine de Resbecq, passage Stanislas, 3.
Le marquis de Ségur, ancien conseiller d'État, rue de Grenelle, 107.
Gaston de Senneville, rue de Grenelle-Saint-Germain, 52.
Louis Sorin, avocat, ancien sous-préfet, 22, rue de Bellechasse.

SOCIÉTÉ GÉNÉRALE D'ÉDUCATION ET D'ENSEIGNEMENT
35, rue de Grenelle.

DE LA CONSTITUTION DES SOCIÉTÉS EN VUE DE L'ÉTABLISSEMENT D'ÉCOLES LIBRES

Par MM.

BENOIST,
Ancien avocat général près la Cour de Cassation.

A. D'HERBELOT,
Ancien avocat général près la Cour d'Appel de Paris.

A. PAGÈS,
Ancien substitut du procureur général près la Cour d'Appel de Paris.

Extrait du Bulletin
de la Société générale d'Éducation et d'Enseignement du 15 juin 1882.

Prix : **60** centimes.

PARIS
LIBRAIRIE DE LA SOCIÉTÉ BIBLIOGRAPHIQUE
MAURICE TARDIEU directeur.
195 BOULEVARD SAINT-GERMAIN

1882

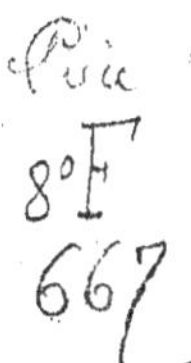

DE LA

CONSTITUTION DES SOCIÉTÉS

EN VUE DE L'ÉTABLISSEMENT D'ÉCOLES LIBRES (1)

SOMMAIRE. I. Caractères essentiels du contrat de société.— II. Des Sociétés civiles et des Sociétés commerciales.— III. Des Sociétés civiles revêtant les formes du droit civil. — IV. Des Sociétés civiles revêtant les formes du droit commercial. — V. Choix à faire entre les deux formes de société.— VI. Des Sociétés à capital variable. — VII. Formules ; clauses utiles ; clauses à éviter. — VIII. Législation fiscale. — APPENDICE : loi du 24 juillet 1867.

La nécessité de lutter, par la création de nombreuses écoles libres, contre les écoles publiques, au service desquelles l'État met tout son pouvoir et une notable partie du budget, a inspiré à beaucoup d'hommes généreux et dévoués la pensée de concerter leurs efforts et d'unir leurs ressources pour assurer, par la constitution de sociétés légales, la sécurité et la durée des œuvres qu'ils veulent entreprendre. Ce travail a pour but de les aider dans l'accomplissement de leur tâche, en leur donnant quelques indications générales et pratiques qu'ils pourront mettre à profit, soit pour déterminer la forme et les caractères essentiels du contrat qu'ils ont en vue, soit pour dresser l'acte qui le constatera dans des conditions de validité et de régularité indiscutables.

Nous ne prétendons pas avoir prévu toutes les hypothèses et toutes les combinaisons possibles ; nous ne nous flattons pas non plus d'avoir résolu toutes les difficultés qui peuvent s'élever en cette matière. Nous ne saurions au contraire trop engager les personnes auxquelles nous nous adressons à ne pas se contenter

(1) Ce travail a été délibéré dans la séance du Comité du contentieux de la Société d'Education du 5 juin 1882.

de nos avis et à réclamer, toutes les fois que cela sera nécessaire, ceux des hommes d'affaires expérimentés à qui elles ont coutume de donner leur confiance ; c'est d'accord avec eux que devront être arrêtés définitivement les statuts des sociétés qu'elles se proposent de constituer. Notre ambition se borne à leur donner quelques conseils, qui, même dans cette mesure restreinte, ne seront peut-être pas tout à fait sans utilité.

I

CARACTÈRES ESSENTIELS DU CONTRAT DE SOCIÉTÉ.

Le contrat de société, contrat de droit commun, ne perd rien de sa légalité pour être appliqué à créer, soutenir ou exploiter des établissements d'instruction. L'article 17, non abrogé, de la loi du 15 mars 1850, l'a au contraire expressément prévu, en disant que les écoles libres pouvaient être fondées et entretenues par des particuliers ou par des *associations*. Aussi, que la société se propose tout à la fois d'acquérir un immeuble ou de le louer, d'y édifier des bâtiments, d'y établir une école et de l'exploiter elle-même, ou bien qu'elle limite son objet à une seule ou à plusieurs de ces opérations, laissant le surplus aux soins d'une autre société, d'une congrégation ou d'une association, elle n'en sera pas moins parfaitement légale. Il importe seulement qu'elle soit une société véritable, ne se confondant ni avec une œuvre charitable, ni avec une simple association qui, ne pourraient prétendre aux privilèges conférés par la loi à la société.

Dans cet ordre d'idées il ne faut pas oublier que les statuts ne peuvent déroger à aucune des trois règles fondamentales suivantes :

1° Chaque associé doit faire un apport à la société. Apport en nature, apport en argent, apport en industrie personnelle ; la loi ne distingue pas (art. 1833, code civil) ; mais il faut un apport sérieux, défini et appréciable. Une société serait nulle si un de ses membres était affranchi de cette obligation.

2° La société doit nécessairement se proposer la réalisation d'un bénéfice, c'est une condition indispensable (art. 1832 code civil). Une société serait absolument nulle si elle n'avait pas un tel objet ; elle pourrait être une œuvre de charité, elle ne serait pas une société. Le bénéfice à réaliser doit être le résultat des opérations statutaires, et il serait extrêmement périlleux de demander à des libéralités l'accroissement du patrimoine social. Juridiquement, il est très douteux qu'une société soit capable de recevoir des dons ou des legs ; de plus, les héritiers malintentionnés s'opposant à l'exécution du testament, un associé dissident poursuivant la nullité de la société qui aurait aliéné son caractère propre pour ne plus être qu'une caisse de bienfaisance, le gouvernement l'inquiétant comme une association déguisée, telles pourraient être, en fait, les conséquences de l'inobservation de cette règle, qui nous paraît devoir être inflexible. A côté de la société propriétaire, il y aura ordinairement un comité chargé de l'exploitation, une congrégation ou des instituteurs ; c'est à eux et non pas à la société que pourront sans inconvénients être adressées les libéralités.

Les bénéfices réguliers de la société peuvent être de diverse nature : si elle exploite elle-même l'établissement, elle pourra percevoir les droits d'écolage qu'acquitteraient les parents ou des personnes généreuses, le prix de la pension de quelques élèves internes, si la maison peut en recevoir, ou encore le loyer de certaines parties de l'immeuble qui ne seraient pas nécessaires à l'école. Si la société est simplement propriétaire (et cette situation paraît préférable), son bénéfice proviendra de la location qu'elle consentira à un instituteur, à une congrégation autorisée, à un particulier, à un comité diocésain, paroissial ou local. Les bénéfices devront être partagés annuellement entre tous les associés, sauf la part attribuée à la réserve statutaire.

3° Tous les associés doivent avoir une part de bénéfices proportionnelle à leur mise dans le fonds social ou déterminée par l'acte statutaire. (Art. 1853, code civil.)

L'un des objets de la société étant le partage des bénéfices, celui qui n'y participerait pas ne serait pas un associé véritable, et la société serait viciée par cette circonstance.

II

SOCIÉTÉS CIVILES ET SOCIÉTÉS COMMERCIALES.

La loi distingue les sociétés civiles et les sociétés commerciales, mais une société ne revêt pas à son gré l'un ou l'autre de ces deux caractères; ce sont ses opérations et ses actes qui déterminent sa nature. Elle sera commerciale si elle fait des actes de commerce, et elle sera civile dans le cas contraire.

Il a été décidé :

Que l'exploitation d'un établissement d'enseignement ne constitue pas un acte de commerce. (Paris, arrêt du 23 juillet 1852 ; Journal du Palais, 1853, I, 98.

Qu'il en est de même de la location d'immeubles qui doivent être ensuite sous-loués à l'usage d'écoles ou avec toute autre destination. (Paris, arrêt du 13 juillet 1861 ; Journal du Palais, p. 929.)

Qu'il en est ainsi encore de l'acquisition de terrains et de la construction de maisons, alors même que ces immeubles devraient être revendus. (Paris, arrêts du 15 février 1868 et 29 août 1868; Dalloz, 2e partie, p. 208.)

On peut donc conclure qu'à moins de circonstances exceptionnelles les opérations relatives à la construction ou même à l'exploitation d'une école ne pourront rendre commerciale la société qui s'en chargera. Elle restera une société civile.

Comme société civile, elle pourra d'ailleurs adopter, pour sa constitution, soit la forme civile, soit la forme commerciale.

Le choix à faire entre ces deux formes dépend évidemment des circonstances. Il présente cependant une certaine délicatesse et autorise certaines hésitations. Il est donc utile de bien marquer les avantages et les inconvénients qui découleront de l'adoption de l'un ou de l'autre régime.

III

SOCIÉTÉS CONSTITUÉES DANS LA FORME CIVILE.

La société qui se constitue dans cette forme est régie par les dispositions du droit commun et soumise aux règles du code civil ; elle est moins exposée aux variations de la législation, qui a si souvent modifié le régime des sociétés commerciales, et présente d'ailleurs des avantages sérieux.

Ainsi :

1° La société, aussitôt que l'acte qui en consacre l'existence est rédigé, peut commencer ses opérations, sans avoir à se préoccuper de compléter la souscription de son capital ou d'en exiger le versement en tout ou en partie, et aussi sans avoir à recourir à aucune publicité préalable. (Vavasseur, Traité des Sociétés, I, 72.)

2° Elle peut user d'une liberté absolue dans le choix de ses administrateurs et se distingue ainsi des sociétés commerciales qui ne peuvent compter sur le concours des magistrats, avocats, notaires et d'autres personnes dont la profession est considérée comme incompatible avec les actes d'une gestion commerciale.

3° Il lui est permis, comme aux sociétés de commerce, de diviser son capital en actions ou en parts sociales, dites d'ordinaire *parts d'intérêts*. (Vavasseur, I, 98.)

4° Les actions qu'elle crée peuvent être, au gré des associés, des actions nominatives ou des actions au porteur, et leur négociation, licite dès le lendemain même de la constitution de la société, peut s'opérer par tradition, par transfert, et par tous les autres modes qu'autoriseront les statuts.

En face des avantages qu'elle présente, il faut signaler les inconvénients qui peuvent résulter de l'adoption de la forme civile par une société.

1° Certains établissements de crédit ne consentent que difficilement à des emprunts contractés par une société civile et préfèrent traiter avec une société anonyme.

2° La société civile ne constituant pas une personne morale, on lui a quelquefois refusé le droit de se faire représenter en justice par le président de son conseil d'administration. La jurisprudence toutefois admet aujourd'hui sans difficulté cette représentation (Paris, arrêt du 27 février 1878; Dalloz, 1878, 2, 257), surtout lorsque les statuts contiennent une clause analogue à la clause suivante, qui ne doit pas être omise : « *Pour toute action* « *judiciaire, le président du conseil d'administration sera seul en* « *cause, tant en demandant qu'en défendant, à tous les degrés de* « *juridiction, sans qu'il y ait à justifier d'aucune délibération du* « *conseil. Le président pourra cependant exiger cette délibération* « *pour sa décharge au regard des associés.* »

3° Aux termes de l'art. 1863, code civil, les associés ont, vis-à-vis des tiers, créanciers de la société, une responsabilité qui se divise également entre eux, mais qui peut dépasser le montant de leur mise sociale.

Cet inconvénient grave disparaîtra, au moins pour tous les engagements qui découleront de contrats, sous les deux conditions suivantes :

A. Les statuts contiendront une clause qui pourra être celle-ci : « *Ceux des membres du conseil d'administration qui concourront* « *par leurs signatures aux engagements contractés au nom de la* « *société seront seuls tenus, après épuisement de l'actif social, des* « *conséquences des dits engagements sur leur fortune personnelle* « *au-delà de leur mise sociale. Les administrateurs pourront* « *également s'affranchir de cette responsabilité, en ayant soin de* « *stipuler, vis-à-vis des tiers avec lesquels ils contracteraient, une* « *décharge spéciale de leur fortune personnelle au delà de leur* « *part sociale. Les autres membres du conseil d'administration,* « *ainsi que les sociétaires non délégués pour l'administration, ne* « *pourront jamais être tenus au-delà de leur mise sociale. Ils seront* « *affranchis de toute responsabilité d'engagements qu'ils n'au-* « *raient pas signés et qui ne donnent pas présentement pouvoir* « *de contracter pour eux. En conséquence les tiers n'auront à* « *poursuivre l'exercice de leurs droits que sur l'actif de la société* « *et sur le patrimoine des sociétaires qui se seraient engagés par* « *leurs signatures, les autres sociétaires se trouvant, par le fait* « *seul de leur abstention, affranchis de toute responsabilité au-delà* « *de leur mise sociale.* »

B. Tous les actes passés avec les tiers devront commencer par la formule suivante, qui constate la connaissance qu'ils ont eue et l'acceptation qu'ils ont faite de la clause statutaire qui précède :

« *Nous, soussignés (architecte, entrepreneurs, fournisseurs, etc.),* « *déclarons avoir pris connaissance entièrement d'un acte en date* « *du contenant les statuts d'une société civile, statuts* « *aux termes desquels les associés n'ont donné aucun pouvoir de* « *les engager sur leur fortune personnelle, les membres du conseil* « *d'administration qui auront signé les marchés ou donné les* « *ordres devant être seuls obligés sur leur fortune personnelle* « *lorsqu'ils n'auront pas limité leur responsabilité à leur apport* « *dans la société, et nous renonçons expressément à exercer au-* « *cun recours ou action, tant contre les associés que contre les* « *membres du conseil d'administration au delà de leur mise* « *sociale, acceptant pour seule garantie l'actif de la société.* »

De cette manière, la fortune des associés sera absolument à couvert, et il en sera de même de celle des membres du conseil d'administration, à moins qu'ils n'oublient de stipuler dans leur intérêt la limitation de responsabilité que, dans tous les cas, ils doivent, conformément aux statuts, garantir aux membres de la société.

IV

SOCIÉTÉS CIVILES CONSTITUÉES DANS LA FORME COMMERCIALE.

Il est permis aux sociétés civiles de se constituer dans la forme commerciale sans abdiquer leur caractère fondamental. Ainsi le veut le principe de la liberté des conventions que la doctrine et la jurisprudence sont d'accord pour maintenir en cette matière. (Vavasseur, I, 347 ; Deloison, Traité des sociétés, I, 15 ; Cassation, arrêts du 18 décembre 1871 et du 26 février 1872 ; Dalloz, 18, 72, I, 9 ; Journal du palais, 1874, p. 473, note.)

L'adoption de cette forme présentera notamment les avantages suivants :

1. De plein droit, et sans aucune stipulation spéciale des statuts, la société sera représentée en justice par le président de son conseil d'administration. C'est la conséquence du privilège de la personnalité civile conférée aux sociétés de cette nature.

2. De plein droit encore, la responsabilité de tous les associés et même des administrateurs sera strictement limitée à leur mise sociale. Il en sera ainsi, pourvu que la société se constitue *dans la forme anonyme*, la seule de toutes les formes commerciales qui nous paraisse pouvoir être conseillée ici, et pourvu encore que la société fasse publier régulièrement ses statuts, ainsi que nous allons le dire tout à l'heure.

Ajoutons que cette société ne sera *commerciale que dans la forme* et qu'elle restera *civile au fond*, de telle sorte qu'elle ne sera pas justiciable des tribunaux de commerce, qu'elle ne pourra être déclarée en faillite, etc., etc.

Par contre, cette société sera soumise aux règles minutieuses établies par la loi du 24 juillet 1867 sur les sociétés commerciales, et nous devons énumérer les principales :

1. Les articles 15 et 45 de la loi du 24 juillet 1867 ont édicté des peines graves contre les fondateurs ou administrateurs des sociétés commerciales en cas de simulation de souscription ou de

versements, de manœuvres dolosives tendant à déterminer des souscriptions, ou de distribution de dividendes fictifs, et aussi dans le cas d'émission ou de négociation d'actions avant la constitution régulière de la société. On a souvent soutenu que ces pénalités étaient également applicables aux fondateurs et administrateurs de sociétés civiles ayant revêtu la forme commerciale. La Cour de cassation incline vers une jurisprudence plus favorable et à ne les pas placer sous le coup de ces prescriptions. (Arrêt du 28 novembre 1873 ; Dalloz, 1874, I, 441.) Dans tous les cas, et en admettant que cette interprétation de la loi soit maintenue, la cour suprême n'hésite pas à faire peser, au point de vue civil, sur ces fondateurs ou administrateurs, la lourde responsabilité écrite dans l'article 42 de la même loi, et découlant de toutes les nullités qui affecteraient la constitution de la société. Nulle en droit, cette société serait considérée comme une société de fait, et ses administrateurs pourraient être tenus de tous ses engagements soit vis-à-vis des tiers, soit vis-à-vis des associés eux-mêmes.

2. Les sociétés de cette nature doivent compter sept associés au moins. (Art. 23.)

3. Elles ne peuvent fonctionner avant la souscription du capital intégral et le versement du quart sur chaque action souscrite. (Art. 1.)

4. Les actions qu'elles émettent ne sont pas négociables avant le versement du quart sur chaque action. (Art. 2.)

5. Ces actions ne peuvent cesser d'être nominatives et être converties en actions au porteur avant d'être libérées de moitié. (Art. 3.)

6. Une première assemblée générale doit vérifier la sincérité des déclarations faites par les fondateurs et prescrire la vérification des apports en nature. (Act. 4.)

7. Une seconde assemblée générale délibère sur la valeur de ces apports. (Act. 5.)

8. L'acte de société doit être publié dans le mois de sa date. A cet effet, il est déposé au greffe de la justice de paix et au greffe du tribunal de commerce du lieu où est établie la société avec une expédition de la déclaration des fondateurs, des délibérations des deux assemblées générales successives et la liste des souscripteurs. (Act. 55.) Cette publicité doit être faite, en outre, dans un des journaux désignés pour recevoir les annonces judiciaires. (Act. 56.)

C'est sur cette publicité que repose juridiquement le contrat tacite intervenu entre la société et les tiers, et aux termes duquel ces derniers reconnaissent notamment n'avoir de droits à faire valoir que sur le fonds social. Elle a donc une importance capitale.

9. En cas de modifications dans les statuts de la société, dans son objet ou dans son capital social, il y a lieu de faire faire de nouvelles publications, conformément aux dispositions qui précèdent. (Act. 61.)

10. Dans tous les actes, factures, annonces, publications et autres documents imprimés ou autographiés, émanés des sociétés anonymes, la dénomination sociale doit toujours être précédée ou suivie immédiatement de ces mots : *société anonyme*, et de l'énonciation du montant du capital social.

Beaucoup d'autres dispositions pourraient encore être utilement empruntées à la loi du 24 juillet 1867 relativement à la nomination des administrateurs, à leurs fonctions, leurs pouvoirs, leur responsabilité, aux attributions des commissaires, à la tenue et aux attributions des assemblées générales, etc. etc. Sur tous ces points nous nous bornons à renvoyer au texte même de la loi, que l'on trouvera *in extenso* à la fin de ce travail.

V

COMPARAISON ET CHOIX A FAIRE ENTRE CES DEUX FORMES DE SOCIÉTÉ.

Il est impossible de conseiller d'une façon absolue le choix entre les deux formes de société que nous venons de faire connaître. Chacune d'elles présente des avantages et des inconvénients que nous nous sommes efforcés de mettre en relief et qui devront être pesés soigneusement par les fondateurs.

La société à forme civile est la plus simple, la plus dégagée de formalités minutieuses, la plus libre dans sa constitution et dans son fonctionnement. Elle convient à merveille pour assurer le succès d'opérations peu compliquées et limitées : Louer un immeuble construit et le sous-louer à l'usage d'école, après y avoir fait les appropriations nécessaires ; acheter dans le même but l'immeuble qui abritera l'établissement scolaire et qui peut le recevoir sans qu'il soit besoin d'élever des constructions dispendieuses, tout cela c'est le rôle indiqué d'une société purement civile. S'il s'agit au contraire de grands bâtiments à édifier, de marchés importants et nombreux à passer avec des entrepreneurs, d'une exploitation susceptible de multiplier le nombre des créanciers sociaux et d'accroître ainsi la responsabilité des associés et des administrateurs, la forme commerciale pourra être préférée, parce que c'est celle qui, limitant de plein droit les risques au fonds social, assure la plus grande somme de sécurité.

Les fondateurs d'une société devront donc, avant tout, s'inspirer des circonstances, en se souvenant, s'ils adoptent la forme civile, qu'il importe au plus haut point de faire figurer dans les statuts les deux clauses indiquées plus haut (§ 3). Ce sont ces deux clauses, qui, sans enlever à la société aucun des avantages inhérents à la forme civile, suffiront le plus souvent à lui donner tous les avantages attachés à la forme commerciale (1).

VI

SOCIÉTÉS A CAPITAL VARIABLE.

Une autre forme de société a quelquefois séduit par ses avantages les fondateurs d'écoles ou autres établissements analogues, Nous voulons parler de la *société à capital variable.*

Voici en effet les avantages qu'elle présente :

1° La société ne peut pas se constituer valablement avant la souscription intégrale de son capital, mais il suffit, pour sa validité, que le *dixième* ait été versé sur chaque action. (Art. 51, loi du 24 juillet 1867; Pont, Traité des sociétés commerciales, n° 1746 et 1747.)

2° Les actions, qui ne peuvent être de moins de 100 francs dans les sociétés anonymes, peuvent n'être que de 50 francs dans les sociétés à capital variable. (Art. 1 et 50, loi du 24 juillet 1867.)

(1) On sait que certains engagements peuvent se former sans convention, par exemple par l'effet d'un quasi-contrat ou d'un quasi-délit. Tel est le cas d'un accident survenu à un ouvrier travaillant à une construction, et cet accident, lorsqu'il est imputable à l'imprudence du propriétaire, peut entraîner contre celui-ci une responsabilité. Aucune clause préalablement insérée dans les statuts ne saurait dégager une Société de cette responsabilité, mais il serait possible de la prévoir utilement en contractant une assurance spéciale contre les accidents. Il en est de même de la responsabilité à l'égard des voisins, en cas d'incendie. Une assurance seule peut en affranchir les associés.

Elles peuvent donc compter sur le concours des plus modestes capitalistes, puisque, pour devenir associé, il suffit de verser 5 francs, soit le dixième de l'action.

3° A moins de dispositions contraires des statuts, les associés sont toujours maîtres de retirer le montant des sommes qu'ils ont versées, et cela même en cas de perte de la société, pourvu que le capital social conservé soit égal au dixième au moins du capital souscrit. Une telle société permettrait donc aux pères de famille de ne demeurer associés que pendant le temps de l'éducation de leurs enfants, sauf à être alors remplacés par d'autres pères de famille qui entreraient dans la société afin d'assurer à leur tour à leurs enfants le bienfait de cette éducation.

4° Ces sociétés sont principalement ce que l'on nomme en droit *des sociétés de personnes ;* aussi et pour mieux leur conserver ce caractère, est-il permis à l'assemblée générale d'exclure tel ou tel associé. (Art. 52, loi du 24 juillet 1867.)

La société présente d'un autre côté des inconvénients qui nous paraissent compenser, et au delà, ses avantages.

1° Les actionnaires qui sont exclus et ceux qui se retirent volontairement demeurent, pendant cinq années, tenus envers les associés et envers les tiers de toutes les obligations existant au moment de leur retraite. (Art. 52, loi du 24 juillet 1867.) Or, au moment de la retraite, il pourra être difficile, sinon impossible de mesurer l'étendue de cette responsabilité.

2° Les variations incessantes dans l'importance du capital social peuvent devenir un obstacle extrêmement grave au fonctionnement de la société et par suite au fonctionnement de l'école dont elles pourront même compromettre l'existence. Il en sera ainsi toutes les fois qu'il y aura un écart trop considérable entre le nombre des retraites et celui des admissions nouvelles, et, dans ces conditions, les entreprises sociales manqueront de la sécurité indispensable.

3° L'administration d'une telle société sera forcément assez difficile et sa comptabilité assez compliquée ; par suite les frais de gestion seront nécessairement assez élevés et constitueront une lourde charge financière.

Ajoutons que ces sociétés sont relativement récentes, qu'elles n'ont peut-être pas encore suffisamment fait leurs preuves et nous serons, croyons-nous, autorisés à conclure qu'elles ne doivent être conseillées qu'avec beaucoup de réserve.

Notons encore que les sociétés à capital variable peuvent n'être que des sociétés civiles (Loi du 24 juillet 1867, art. 48), et que si elles empruntent les formes commerciales, elles sont alors soumises aux règles énoncées plus haut, notamment en ce qui touche la publicité.

VII

FORMULES ; CLAUSES A INSÉRER ; CLAUSES A ÉVITER.

Nous nous abstenons d'indiquer aucune formule générale et complète, car, ainsi que nous l'avons déjà dit, il nous paraît impossible d'envisager toutes les situations, de tenir compte de toutes les circonstances et de prévoir toutes les hypothèses. Nous rappelons en même temps aux correspondants de la *Societé générale d'éducation et d'enseignement*, que nous sommes à leur disposition pour examiner tous les projets d'actes qui nous seront communiqués.

Nous nous bornerons à signaler ici :

1. Quelques clauses qui doivent, selon nous, prendre place dans les statuts des sociétés conservant la forme civile ;

2. Quelques clauses qui doivent figurer dans les statuts des sociétés adoptant la forme commerciale ;

3. Certaines clauses qui doivent être insérées dans les statuts de toutes les sociétés, quelle que soit leur forme ;

4. Enfin certaines clauses que doivent toujours et dans tous les cas s'interdire les rédacteurs [des statuts.

A. Sociétés à forme civile.

On nous permettra de rappeler une fois de plus les deux clauses essentielles, dont nous avons présenté la formule sous le § 3. Elles ont pour but : la première, d'assurer la représentation de la société en justice par le président de son conseil d'administration; la seconde, de limiter au fonds social les droits des tiers, créanciers de la société, à l'exclusion du patrimoine propre des associés et des administrateurs (1).

L'intérêt de la société exige évidemment qu'elle ne puisse jamais perdre son caractère et qu'elle ne puisse être détournée de

(1) L'expérience de M. le comte de Madre, ancien notaire à Paris, qui a toute compétence en ces matières, nous a fourni la rédaction de ces deux formules.

son but par l'adjonction trop facile d'associés nouveaux étrangers ou peut-être hostiles à l'esprit de ses fondateurs. Une sage précaution consistera donc à ne pas permettre par les statuts que les actions puissent cesser d'être *nominatives,* de façon qu'il soit toujours possible de les suivre dans les mains qui les détiendront.

Il faut prévoir aussi la vente des parts sociales, leur transmission par voie héréditaire et les conséquences regrettables que ces mutations de propriété pourraient parfois produire. Sur ce point il nous paraît utile d'insérer dans les statuts la clause suivante : « *Toute transmission d'une part sociale se fera conformément* « *aux dispositions du code civil ; elle ne pourra être opposée à la* « *société, qui n'aura elle-même à en tenir compte que lorsqu'elle* « *aura été notifiée au président du conseil d'administration, et* « *au vice-président ou au secrétaire dans le cas où cette trans-* « *mission aurait lieu au profit du président ; la signification* « *sera mentionnée sur un registre spécial de mutatiou tenu au* « *siège de la société pour le bon ordre. La cession devra être* « *autorisée par le conseil d'administration, qui pourra toujours* « *l'autoriser de préférence au profit d'un sociétaire et moyen-* « *nant un prix à déterminer tous les ans par l'assemblée générale,* « *sur le vu du bilan. Le conseil devra, à peine de déchéance de ce* « *droit, en user dans le mois qui suivra la signification à lui faite,* « *comme il vient d'être dit ci-dessus. En cas de concurrence de* « *plusieurs sociétaires ainsi autorisés, la préférence appartien-* « *dra à celui qui aura le premier notifié son intention au prési-* « *dent du conseil d'administration. Il sera fait état au siège so-* « *cial de ceux des associés qui voudraient cesser de faire partie* « *de la société et auraient signifié ce désir au président du conseil* « *d'administration, ainsi que de ceux des associés qui voudraient* « *acquérir de nouvelles parts.* »

Cette clause, dont l'utilité est incontestable, est en même temps d'une légalité indiscutable lorsqu'il s'agit d'une société civile, et même, selon nous, lorsqu'il s'agit d'une société commerciale en la forme. La loi du 24 juillet 1867 (art. 50) l'admet expressément dans une hypothèse spéciale, mais les principes généraux du droit permettent d'étendre cette application. (Art. 1861, code civil ; Deloison, I, 184, 185 ; Pont, n. 1752 ; arrêt de Paris du 17 août 1877 ; Journal du Palais 1879, page 211.)

La société peut avoir en outre intérêt à racheter elle-même les parts sociales qui seraient mises en vente ou transmises héréditairement. Lorsqu'elle a revêtu la forme civile,et que les tiers, par suite de l'absence d'une publicité qui n'est pas prescrite en ce cas, n'ont pas à compter sur la permanence d'un capital dont ils ne connaissent même pas l'importance, la société peut user de cette forme d'amortissement, en employant par exemple ses bénéfices à l'acquisition de certaines parts, pourvu cependant que ses statuts lui en donnent le droit. Ce droit résultera suffisamment de la clause suivante : « *Dans le mois qui suivra la notifica-* « *tion, faite comme il est dit ci-dessus, de toute transmission d'une* « *part sociale, la société pourra par l'organe de son conseil d'ad-* « *ministration exercer, en cas de changement dans la propriéte* « *des parts sociales, le retrait des dites parts moyennant le paye-* « *ment, pour chaque part, d'une somme à déterminer chaque* « *année, d'après le bilan par l'assemblée générale.* » La Cour de cassation n'hésite pas à reconnaître la validité de cette clause. (Arrêt du 24 novembre 1856; Journal du Palais, 1858, page 68.)

Enfin, même en l'absence de toute transmission, la société peut désirer acquérir une ou plusieurs parts sociales. Elle en a le droit également si les statuts renferment la stipulation suivante : « *La société pourra, quand le conseil d'administration en déci-* « *dera ainsi, devenir acquéreur à l'amiable de tout ou partie des* « *droits des associés.* »

Pour l'application de toutes ces clauses, il importera de provoquer tous les ans de l'assemblée générale une délibération fixant le prix des cessions dont il s'agit. Les statuts ne peuvent faire sans inconvénients cette fixation une fois pour toutes et à forfait ; le cédant, qui accepterait ce forfait, pourrait être considéré par le fisc comme faisant l'abandon gratuit soit à son cessionnaire, soit à la société, de la plus-value afférente à sa part, et ainsi cette négociation pourrait être frappée d'un droit fort élevé. Telle est du moins la prétention émise par quelques agents de l'administration.

B. Sociétés civiles à forme commerciale.

Ces sociétés, elles aussi, ont le plus grand intérêt à conserver à leurs actions le caractère d'actions nominatives, et elles devront en faire l'objet d'une stipulation expresse dans les actes constitutifs. C'est ainsi seulement qu'elles pourront faire obstacle à des transmissions fâcheuses, en usant du droit de ne pas autoriser celles qui, leur étant signifiées, leur paraîtraient de nature à ne pas être permises.

Pour que l'exercice de ce droit soit possible, il importera que les statuts de ces sociétés empruntent la première des trois formules que nous avons données plus haut et qu'une délibération de l'assemblée générale détermine chaque année la valeur de l'action. Au moyen de ces précautions, nous pensons que la société civile à forme anonyme pourra s'opposer à toute cession qu'elle ne voudrait pas agréer ; mais nous devons reconnaître que, si cela est indiscutable pour les sociétés qui conservent la forme civile, cela a été discuté au contraire pour celles qui empruntent la forme commerciale. (Pont, n° 1587.) La majorité des auteurs et des arrêts sont cependant aujourd'hui d'accord avec l'opinion que nous émettons, mais il n'en reste pas moins que l'adoption de la forme civile procurera sur ce point un supplément de sécurité.

Les statuts des sociétés civiles à forme commerciale devront au contraire s'abstenir soigneusement de reproduire les deux dernières formules ci-dessus rélatives au rachat des actions par la société elle-même. Il est de principe en effet que ces opérations sont interdites aux sociétés à forme commerciale. La raison en est facile à comprendre. Par la publicité qu'elles ont donnée à leur acte de constitution, ces sociétés ont promis aux tiers la garantie permanente du capital statutaire, et, en retour, les tiers se sont engagés à ne pas compter sur une responsabilité autre que celle de la société. Le contrat serait violé si le capital social pouvait être diminué.

C. Clauses à insérer dans les statuts de toutes les sociétés, quelle que soit leur forme.

La société ne peut pas être formée pour un temps indéterminé, et il ne convient même pas d'ordinaire qu'elle le soit pour un temps trop long; trente années peuvent être considérées comme son terme normal. Mais, à l'expiration des trente ans, il pourra être utile de prolonger son existence, comme aussi, avant cette époque, il pourra être opportun d'en prononcer la dissolution. Dans ce double ordre d'idées, nous recommandons la formule suivante : « *La durée de la société est de années qui commenceront le*

« *Le conseil d'administration pourra en tout temps proposer à l'assemblée générale la dissolution de la société par anticipation. Toutefois cette mesure ne pourra être votée par l'assemblée qu'autant qu'elle aura été approuvée par les trois quarts des sociétaires présents ou représentés. De même, et dans les mêmes conditions de majorité, la durée de la société pourra être prolongée par l'assemblée générale sur la proposition du conseil d'administration.* »

D. — Clauses à éviter dans toutes les sociétés.

Une seule recommandation suffit à cet égard. Pour être inattaquables au point de vue des lois de police, comme au regard de la législation civile, nos sociétés ne doivent admettre aucune clause qui puisse permettre de les confondre avec une association ordinaire ou avec une œuvre de charité. Elles doivent être au fond des sociétés d'affaires et elles doivent dans la forme affirmer leur caractère.

VIII

LÉGISLATION FISCALE.

Des lois fiscales successives ont soumis les sociétés à certains impôts et ont imposé à leurs administrateurs l'accomplissement de certaines formalités. Toute inobservation de la loi sur ce point rendant la société passible d'amendes considérables, il nous paraît utile de résumer ici ses principales prescriptions.

I. Si l'acte constitutif de la société a été rédigé sous seing privé, il devra être présenté à l'enregistrement dans les trois mois de sa date. (Art. 22, loi du 22 frimaire an VII.) Si cet acte est authentique, il sera présenté à l'enregistrement par le notaire qui l'aura dressé.

II. La constitution de la société donne lieu à la perception de :

1° Un droit fixe de cinq francs (Loi du 22 frimaire an VII, art. 68, et loi du 28 avril 1816, art. 45);

2° Un droit gradué de cinq francs pour un capital inférieur ou égal à 5000 francs, de dix francs pour un capital de 5000 francs à 10,000 francs, de vingt francs pour un capital de 10,000 francs à 30,000 francs et ensuite de vingt francs pour chaque somme de 20,000 francs ou chaque fraction de cette somme. (Loi du 28 février 1872).

Le droit proportionnel n'est dû que si l'acte de société porte obligation, libération ou transmission de biens meubles ou immeubles entre les associés ou autres personnes. Il en est ainsi, par exemple, lorsque la société s'engage à payer tout ou partie du prix restant dû au précédent vendeur de l'immeuble apporté. (Cassation, 23 mai 1859; Dalloz, I, 464. Cassation, 6 février 1878; Dalloz, 1878, I, 257.)

III. Les transferts d'actions nominatives entraînent la perception du droit de 50 centimes pour 100 francs sur chaque transmission. Il en est de même de la cession des parts d'intérêts, lorsque la société n'a pas créé de titres d'actions. (Cassation 7 mars 1866; Dalloz, 1866, I, 119.)

Les cessions d'actions au porteur par simple tradition, par endossement ou par acte sous seing privé, ne motivent aucune perception spéciale ; mais la société doit, à raison de la création des titres de cette nature, acquitter annuellement un droit de 25 centimes pour cent francs, calculé non sur le capital intégral, mais sur les sommes versées. (Loi du 16 septembre 1871 et 30 mars 1872).

IV. Les actions, si la société croit utile d'en créer (et il lui est permis de ne pas le faire), doivent être timbrées. Le droit de timbre est de 50 centimes pour 100 francs lorsque la durée de la société n'excède pas dix ans, et de un franc pour 100 francs en cas de durée plus longue. (Loi du 5 juin 1850, art. 14.) Si la société le préfère, un abonnement annuel de cinq centimes pour cent francs peut être substitué à la perception du droit de timbre ; cet abonnement est calculé sur le capital nominal. (Même loi, art. 22.)

V. La société doit en outre acquitter un impôt de 3 0/0 sur le montant de ses revenus et bénéfices. (Lois du 29 juin 1872 et 1er décembre 1875.)

Pour assurer la perception de ces divers droits, les administrateurs des sociétés doivent :

1. Faire, dans le mois de la constitution de la société, au bureau d'enregistrement du lieu où elle aura son siège, une déclaration faisant connaître l'objet, le siège et la durée de la société, la date de sa constitution et celle de l'enregistrement de l'acte qui l'aura constatée, les noms des directeurs ou gérants, le nombre et le montant des titres émis. (Art. 1er, décret du 17 juillet 1857.)

2. Renouveler cette déclaration en cas de changements dans les éléments de la déclaration primitive. (Même article.)

En cas d'infraction l'amende est de 100 francs à 5000 francs. (Art. 10, loi du 19 juin 1857.)

3. Déclarer les transferts et cessions opérés dans le cours de chaque trimestre, et ce, dans les vingt jours à compter de l'expiration du trimestre. (Art. 2, décret du 17 juillet 1857.) La société doit faire l'avance, sauf son recours contre les actionnaires.

En cas d'infraction, même amende.

4. Déposer au bureau de l'enregistrement, dans les vingt jours de leur date, les comptes-rendus, extraits des délibérations des conseils d'administration ou des assemblées d'actionnaires, ou tous autres documents déterminant les revenus ou les dividendes. (Art. 2, loi du 29 juin 1872.) Il n'y a pas lieu de communiquer le registre des délibérations, non plus qu'aucune pièce autre que les pièces ci-dessus.

En cas d'infraction, même amende.

5. Présenter les titres à la formalité du timbre ou contracter l'abonnement annuel dont il est parlé plus haut avant l'émission des titres.

En cas d'infraction, amende de 12 0/0 du montant du titre non timbré. (Art. 18, loi du 5 juin 1850.)

Notons en terminant que les notaires, rédacteurs des actes de société, ne sont tenus de remplir aucune de ces formalités, sauf l'enregistrement de l'acte lui-même. Toutes les obligations fiscales que nous venons d'énumérer pèsent donc sur les fondateurs et sur les administrateurs.

BENOIST,
Ancien avocat général
près la Cour de cassation.

A. D'HERBELOT,
Ancien avocat général
près la Cour d'appel de Paris.

A. PAGÈS,
Ancien substitut du procureur général
près la Cour d'appel de Paris.

Appendice.

LOI DU 24 JUILLET 1867

TITRE Ier

DES SOCIÉTÉS EN COMMANDITE PAR ACTIONS (1)

ART. 1er. Les sociétés en commandite ne peuvent diviser leur capital en actions ou coupons d'actions de moins de cent francs, lorsque ce capital n'excède pas deux cent mille francs, et de moins de cinq cents francs, lorsqu'il est supérieur.

Elles ne peuvent être définitivement constituées qu'après la souscription de la totalité du capital social et le versement, par chaque actionnaire, du quart au moins du montant des actions par lui souscrites.

Cette souscription et ces versements sont constatés par une déclaration du gérant dans un acte notarié.

A cette déclaration sont annexés la liste des souscripteurs, l'état des versements effectués, l'un des doubles de l'acte de société, s'il est sous seing privé, et une expédition, s'il est notarié et s'il a été passé devant un notaire autre que celui qui a reçu la déclaration.

L'acte sous seing privé, quel que soit le nombre des associés, sera fait en double original, dont l'un sera annexé, comme il est dit au paragraphe qui précède, à la déclaration de souscription du capital et de versement du quart, et l'autre restera déposé au siège social.

2. Les actions ou coupons d'actions sont négociables après le versement du quart.

3. Il peut être stipulé, mais seulement par les statuts constitutifs de la société, que les actions ou coupons d'actions pourront, après avoir été libérés de moitié, être convertis en actions au porteur par délibération de l'assemblée générale.

Soit que les actions restent nominatives après cette délibération, soit qu'elles aient été converties en actions au porteur, les souscripteurs primitifs qui ont aliéné les actions et ceux auxquels ils les ont cédées avant le versement de moitié restent tenus au payement du montant de leurs actions pendant un délai de deux ans, à partir de la délibération de l'assemblée générale.

4. Lorsqu'un associé fait un apport qui ne consiste pas en numéraire, ou stipule à son profit des avantages particuliers, la première assemblée générale fait apprécier la valeur de l'apport ou la cause des avantages stipulés.

5. La société n'est définitivement constituée qu'après l'approbation de l'apport ou des avantages, donnée par une autre assemblée générale, après une nouvelle convocation.

(1) Toutes les dispositions du titre Ier que nous publions ici s'appliquent aux Sociétés anonymes, quoique le titre premier ne parle que des Sociétés en commandite par actions.

La seconde assemblée générale ne pourra statuer sur l'approbation de l'apport ou des avantages qu'après un rapport qui sera imprimé et tenu à la disposition des actionnaires, cinq jours au moins avant la réunion de cette assemblée.

Les délibérations sont prises par la majorité des actionnaires présents. Cette majorité doit comprendre le quart des actionnaires et représenter le quart du capital social en numéraire.

Les associés qui ont fait l'apport ou stipulé des avantages particuliers soumis à l'appréciation de l'assemblée n'ont pas voix délibérative.

A défaut d'approbation, la société reste sans effet à l'égard de toutes les parties.

L'approbation ne fait pas obstacle à l'exercice ultérieur de l'action qui peut être intentée pour cause de dol ou de fraude.

Les dispositions du présent article relatives à la vérification de l'apport qui ne consiste pas en numéraire ne sont pas applicables au cas où la société à laquelle est fait ledit apport est formée entre ceux seulement qui en étaient propriétaires par indivis.

5. . . . .

6. . . . .

Est nulle et de nul effet à l'égard des intéressés toute société en commandite par actions constituée contrairement aux prescriptions des articles 1er, 2, 3, 4 et 5 de la présente loi.

Cette nullité ne peut être opposée aux tiers par les associés.

8. . . . .

9. . . . .

10. Les membres du conseil de surveillance vérifient les livres, la caisse, le portefeuille et les valeurs de la société.

Ils font, chaque année, à l'assemblée générale, un rapport dans lequel ils doivent signaler les irrégularités et inexactitudes qu'ils ont reconnues dans les inventaires, et constater, s'il y a lieu, les motifs qui s'opposent aux distributions des dividendes proposés par le gérant.

Aucune répétition de dividendes ne peut être exercée contre les actionnaires, si ce n'est dans le cas où la distribution en aura été faite en l'absence de tout inventaire ou en dehors des résultats constatés par l'inventaire.

L'action en répétition, dans le cas où elle est ouverte, se prescrit par cinq ans, à partir du jour fixé pour la distribution des dividendes.

Les prescriptions commencées à l'époque de la promulgation de la présente loi, et pour lesquelles il faudrait encore, suivant les lois anciennes, plus de cinq ans, à partir de la même époque, seront accomplies par ce laps de temps.

11. . . . .

12. . . . .

13. L'émission d'actions ou de coupons d'actions d'une société constituée contrairement aux prescriptions des articles 1er, 2 et 3 de la présente loi, est punie d'une amende de cinq cents à dix mille francs.

Sont punis de la même peine :

Le gérant qui commence les opérations sociales avant l'entrée en fonctions du conseil de surveillance ;

Ceux qui, en se présentant comme propriétaires d'actions ou de coupons d'actions qui ne leur appartiennent pas, ont créé frauduleusement une majorité factice dans une assemblée générale, sans préjudice de tous dommages-intérêts, s'il y a lieu, envers la société ou envers les tiers ;

Ceux qui ont remis les actions pour en faire l'usage frauduleux.

Dans les cas prévus par les deux paragraphes précédents, la peine de l'emprisonnement de quinze jours à six mois peut, en outre, être prononcée.

14. La négociation d'actions ou de coupons d'actions dont la valeur ou la forme serait contraire aux dispositions des articles 1er, 2 et 3 de la présente loi, ou pour lesquels le versement du quart n'aurait pas été effectué conformément à l'article 2 ci-dessus, est punie d'une amende de cinq cents à dix mille francs.

Sont punies de la même peine toute participation à ces négociations et toute publication de la valeur desdites actions.

15. Sont punis des peines portées par l'article 405 du Code pénal, sans préjudice de l'application de cet article à tous les faits constitutifs du délit d'escroquerie :

1° Ceux qui, par simulacre de souscriptions ou de versements ou par publication, faite de mauvaise foi, de souscriptions ou de versements qui n'existent pas, ou de tous autres faits faux, ont obtenu ou tenté d'obtenir des souscriptions ou des versements ;

2° Ceux qui, pour provoquer des souscriptions ou des versements, ont, de mauvaise foi, publié les noms de personnes désignées, contrairement à la vérité, comme étant ou devant être attachées à la société à un titre quelconque ;

3° Les gérants qui, en l'absence d'inventaires ou au moyen d'inventaires frauduleux, ont opéré entre les actionnaires la répartition de dividendes fictifs.

Les membres du conseil de surveillance ne sont pas civilement responsables des délits commis par le gérant.

16. L'article 463 du Code pénal est applicable aux faits prévus par les trois articles qui précèdent.

17. Des actionnaires représentant le vingtième au moins du capital social peuvent, dans un intérêt commun, charger à leurs frais un ou plusieurs mandataires de soutenir, tant en demandant qu'en défendant, une action contre les gérants ou contre les membres du conseil de surveillance, et de les représenter, en ce cas, en justice, sans préjudice de l'action que chaque actionnaire peut intenter individuellement en son nom personnel.

18. . . . .

19. . . . .

20. . . . .

TITRE II.

DES SOCIÉTÉS ANONYMES.

21. A l'avenir, les sociétés anonymes pourront se former sans l'autorisation du Gouvernement.

Elles pourront, quel que soit le nombre des associés, être formées par un acte sous seing privé fait en double original.

Elles seront soumises aux dispositions des articles 29, 30, 32. 33, 34 et 36 du Code de commerce et aux dispositions contenues dans le présent titre.

22. Les sociétés anonymes sont administrées par un ou plusieurs mandataires à temps, révocables, salariés ou gratuits, pris parmi les associés.

Ces mandataires peuvent choisir parmi eux un directeur, ou, i les statuts le permettent, se substituer un mandataire étranger à la sociéte et dont ils sont responsables envers elle.

23. La société ne peut être constituée si le nombre des associés est inférieur à sept.

24. Les dispositions des articles 1er, 2, 3 et 4 de la présente loi sont applicables aux sociétés anonymes.

La déclaration imposée au gérant par l'article 1er est faite par les fondateurs de la société anonyme; elle est soumise, avec les pièces à l'appui, à la première assemblée générale, qui en vérifie la sincérité.

25. Une assemblée générale est, dans tous les cas, convoquée, à la diligence des fondateurs, postérieurement à l'acte qui constate la souscription du capital social et le versement du quart du capital, qui consiste en numéraire. Cette assemblée nomme les premiers administrateurs; elle nomme également, pour la première année, les commissaires institués par l'article 32 ci-après.

Ces administrateurs ne peuvent être nommés pour plus de six ans : ils sont rééligibles, sauf stipulation contraire.

Toutefois, ils peuvent être désignés par les statuts, avec stipulation formelle que leur nomination ne sera point soumise à l'approbation de l'assemblée générale. En ce cas, ils ne peuvent être nommés pour plus de trois ans.

Le procès-verbal de la séance constate l'acceptation des administrateurs et des commissaires présents à la réunion.

La société est constituée à partir de cette acceptation.

26. Les administrateurs doivent être propriétaires d'un nombre d'actions déterminé par les statuts.

Ces actions sont affectées en totalité à la garantie de tous les actes de la gestion, même de ceux qui seraient exclusivement personnels à l'un des administrateurs.

Elles sont nominatives, inaliénables, frappées d'un timbre indiquant l'inaliénabilité et déposées dans la caisse sociale.

27. Il est tenu, chaque année au moins, une assemblée générale à l'époque fixée par les statuts. Les statuts déterminent le nombre d'actions qu'il est nécessaire de posséder, soit à titre de propriétaire, soit à titre de mandataire, pour être admis dans l'assemblée, et le nombre de voix appartenant à chaque actionnaire, eu égard au nombre d'actions dont il est porteur.

Néanmoins dans les assemblées générales appelées à vérifier les apports, à nommer les premiers administrateurs et à vérifier la sincérité de la déclaration des fondateurs de la société, prescrite par le deuxième paragraphe de l'article 24, tout actionnaire, quel que soit le nombre des actions dont il est porteur, peut prendre part aux délibérations avec le nombre de voix déterminé par les statuts, sans qu'il puisse être supérieur à dix.

28. Dans toutes les assemblées générales, les délibérations sont prises à la majorité des voix.

Il est tenu une feuille de présence, elle contient les noms et domicile des actionnaires et le nombre d'actions dont chacun d'eux est porteur.

Cette feuille, certifiée par le bureau de l'assemblée, est déposée au siège social et doit être communiquée à tout requérant.

29. Les assemblées générales qui ont à délibérer dans des cas autres que ceux qui sont prévus par les deux articles qui suivent, doivent être composées d'un nombre d'actionnaires représentant le quart au moins du capital social.

Si l'assemblée générale ne réunit pas ce nombre, une nouvelle assemblée est convoquée dans les formes et avec les délais prescrits par les statuts et elle délibère valablement, quelle que soit la portion du capital représenté par les actionnaires présents.

30. Les assemblées qui ont à délibérer sur la vérification des apports, sur la nomination des premiers administrateurs, sur la sincérité de la déclaration faite par les fondateurs aux termes du paragraphe 2 de l'article 24, doivent être composées d'un nombre d'actionnaires représentant la moitié au moins du capital social.

Le capital social, dont la moitié doit être représentée pour la vérification de l'apport, se compose seulement des apports non soumis à vérification.

Si l'assemblée générale ne réunit pas un nombre d'actionnaires représentant la moitié du capital social, elle ne peut prendre qu'une délibération provisoire. Dans ce cas, une nouvelle assemblée générale est convoquée. Deux avis, publiés à huit jours d'intervalle, au moins un mois à l'avance, dans l'un des journaux désignés pour recevoir les annonces légales, font connaître aux actionnaires les résolutions provisoires adoptées par la première assemblée, et ces résolutions deviennent définitives si elles sont approuvées par la nouvelle assemblée, composée d'un nombre d'actionnaires représentant le cinquième au moins du capital social.

31. Les assemblées qui ont à délibérer sur des modifications aux statuts ou sur des propositions de continuation de la société au-delà du terme fixé pour sa durée, ou de dissolution avant ce terme, ne sont régulièrement constituées et ne délibèrent valablement qu'autant qu'elles sont composées d'un nombre d'actionnaires représentant la moitié au moins du capital social.

32. L'assemblée générale annuelle désigne un ou plusieurs commissaires, associés ou non, chargés de faire un rapport à l'assemblée générale de l'année suivante sur la situation de la société, sur le bilan et sur les comptes présentés par les administrateurs.

La délibération contenant approbation du bilan et des comptes est nulle, si elle n'a été précédée du rapport des commissaires.

A défaut de nomination des commissaires par l'assemblée générale, ou en cas d'empêchement ou de refus d'un ou de plusieurs des commissaires nommés, il est procédé à leur nomination ou à leur remplacement par ordonnance du président du tribunal de commerce du siége de la société, à la requête de tout intéressé, les administrateurs dûment appelés.

33. Pendant le trimestre qui précède l'époque fixée par les statuts pour la réunion de l'assemblée générale, les commissaires ont droit, toutes les fois qu'ils le jugent convenable dans l'intérêt social, de prendre communication ses livres et d'examiner les opérations de la société.

Ils peuvent toujours, en cas d'urgence, convoquer l'assemblée générale.

34. Toute société anonyme doit dresser, chaque semestre, un état sommaire de sa situation active et passive.

Cet état est mis à la disposition des commissaires.

Il est, en outre, établi chaque année, conformément à l'article 9 du Code de commerce, un inventaire contenant l'indication des valeurs mobilières et immobilières et de toutes les dettes actives et passives de la société.

L'inventaire, le bilan et le compte des profits et pertes sont mis à la disposition des commissaires le quarantième jour, au plus tard, avant l'assemblée générale. Ils sont présentés à cette assemblée.

35. Quinze jours au moins avant la réunion de l'assemblée générale, tout actionnaire peut prendre, au siège social, communication de l'inventaire et de la liste des actionnaires, et se faire délivrer copie du bilan résumant l'inventaire et du rapport des commissaires.

36. Il est fait annuellement, sur les bénéfices nets, un prélèvement d'un vingtième au moins affecté à la formation d'un fonds de réserve.

Ce prélèvement cesse d'être obligatoire lorsque le fonds de réserve a attein le dixième du capital social.

37. En cas de perte des trois quarts du capital social, les administrateurs sont tenus de provoquer la réunion de l'assemblée générale de tous les actionnaires, à l'effet de statuer sur la question de savoir s'il y a lieu de prononcer la dissolution de la société.

La résolution de l'assemblée est, dans tous les cas, rendue publique.

A défaut par les administrateurs de réunir l'assemblée générale, comme dans le cas où cette assemblée n'aurait pu se constituer régulièrement, tout intéressé peut demander la dissolution de la société devant les tribunaux.

38. La dissolution peut être prononcée sur la demande de toute partie intéressée, lorsqu'un an s'est écoulé depuis l'époque où le nombre des associés est réduit à moins de sept.

39. L article 17 est applicable aux sociétés anonymes.

40. Il est interdit aux administrateurs de prendre ou de conserver un intérêt direct ou indirect dans une entreprise ou dans un marché fait avec la société ou pour son compte, à moins qu'ils n'y soient autorisés par l'assemblée générale.

Il est, chaque année, rendu à l'assemblée générale un compte spécial de l'exécution des marchés ou entreprises par elle autorisés, aux termes du paragraphe précédent.

41. Est nulle et de nul effet à l'égard des intéressés toute société anonyme pour laquelle n'ont pas été observées les dispositions des articles 22, 23, 24 et 25 ci-dessus.

42. Lorsque la nullité de la société ou des actes et délibérations a été prononcée aux termes de l'article précédent, les fondateurs auxquels la nullité est imputable et les administrateurs en fonctions au moment où elle a été encourue, sont responsables solidairement envers les tiers, sans préjudice des droits des actionnaires.

La même responsabilité solidaire peut être prononcée contre ceux des associés dont les apports ou les avantages n'auraient pas été vérifiés et approuvés conformément à l'article 24.

43. L'étendue et les effets de la responsabilité des commissaires envers la société sont déterminés d'après les règles générales du mandat.

44. Les administrateurs sont responsables, conformément aux règles du droit commun, individuellement ou solidairement suivant les cas, envers la société ou envers les tiers, soit des infractions aux dispositions de la présente loi, soit des fautes qu'ils auraient commises dans leur gestion, notamment en distribuant ou en laissant distribuer sans opposition des dividendes fictifs.

45. Les dispositions des articles 13, 14, 15 et 16 de la présente loi sont applicables en matière de sociétés anonymes, sans distinction entre celles qui sont actuellement existantes et celles qui se constitueront sous l'empire de la présente loi. Les administrateurs qui, en l'absence d'inventaire ou au moyen d'inventaire frauduleux, auront opéré des dividendes fictifs, seront punis de la peine qui est prononcée dans ce cas par le n° 3 de l'article 15 contre les gérants des sociétés en commandite.

Sont également applicables en matière de sociétés anonymes les dispositions des trois derniers paragraphes de l'article 10.

46. . . . .

47. . . . .

TITRE III.

DISPOSITIONS PARTICULIÈRES AUX SOCIÉTÉS A CAPITAL VARIABLE.

48. Il peut être stipulé, dans les statuts de toute société, que le capital social sera susceptible d'augmentation par des versements successifs faits par les associés ou l'admission d'associés nouveaux, et de diminution par la reprise totale ou partielle des apports effectués.

Les sociétés dont les statuts contiendront la stipulation ci-dessus seront soumises, indépendamment des règles générales qui leur sont propres suivant leur forme spéciale, aux dispositions des articles suivants.

49. Le capital social ne pourra être porté par les statuts constitutifs de la société au-dessus de la somme de deux cent mille francs.

Il pourra être augmenté par des délibérations de l'assemblée générale, prises d'année en année ; chacune des augmentations ne pourra être supérieure à deux cent mille francs.

50. Les actions ou coupons d'actions seront nominatifs, même après leur entière libération ; ils ne pourront être inférieurs à cinquante francs.

Ils ne seront négociables qu'après la constitution définitive de la société.

La négociation ne pourra avoir lieu que par voie de transfert sur les registres de la société, et les statuts pourront donner, soit au conseil d'administration, soit à l'assemblée générale, le droit de s'opposer au transfert.

51. Les statuts détermineront une somme au-dessous de laquelle le capital ne pourra être réduit par les reprises des apports autorisées par l'article 48.

Cette somme ne pourra être inférieure au dixième du capital social.

La société ne sera définitivement constituée qu'après le versement du dixième.

52. Chaque associé pourra se retirer de la société lorsqu'il le jugera con-

venable, à moins de conventions contraires et sauf l'application du paragraphe 1er de l'article précédent.

Il pourra être stipulé que l'assemblée générale aura le droit de décider, à la majorité fixée pour la modification des statuts, que l'un ou plusieurs des associés cesseront de faire partie de la société.

L'associé qui cessera de faire partie de la société, soit par l'effet de sa volonté, soit par suite de décision de l'assemblée générale, restera tenu, pendant cinq ans, envers les associés et envers les tiers, de toutes les obligations existant au moment de sa retraite.

53. La société, quelle que soit sa forme, sera valablement représentée en justice par ses administrateurs.

54. La société ne sera point dissoute par la mort, la retraite, l'interdiction, la faillite ou la déconfiture de l'un des associés; elle continuera de plein droit entre les autres associés.

TITRE IV.

DISPOSITIONS RELATIVES A LA PUBLICATION DES ACTES DE SOCIÉTÉ.

55. Dans le mois de la constitution de toute société commerciale, un double de l'acte constitutif, s'il est sous seing privé, ou une expédition, s'il est notarié, est déposé aux greffes de la justice de paix et du tribunal de commerce du lieu dans lequel est établie la société.

A l'acte constitutif des sociétés en commandite par actions et des sociétés anonymes sont annexées : 1° une expédition de l'acte notarié constatant la souscription du capital social et le versement du quart; 2° une copie certifiée des délibérations prises par l'assemblée générale dans les cas prévus par les articles 4 et 24.

En outre, lorsque la société est anonyme, on doit annexer à l'acte constitutif la liste nominative, dûment certifiée, des souscripteurs, contenant les nom, prénoms, qualités, demeure et le nombre d'actions de chacun d'eux.

56. Dans le même délai d'un mois, un extrait de l'acte constitutif et des pièces annexées est publié dans l'un des journaux désignés pour recevoir les annonces légales.

Il sera justifié de l'insertion par un exemplaire du journal certifié par l'imprimeur, légalisé par le maire et enregistré dans les trois mois de sa date.

Les formalités prescrites par l'article précédent et par le présent article seront observées, à peine de nullité, à l'égard des intéressés; mais le défaut d'aucune d'elles ne pourra être opposé aux tiers par les associés.

57. L'extrait doit contenir les noms des associés autres que les actionnaires ou commanditaires; la raison de commerce ou la dénomination adoptée par la société et l'indication du siège social; la désignation des associés autorisés à gérer, administrer et signer pour la société; le montant du capital social et le montant des valeurs fournies ou à fournir par les actionnaires ou commanditaires; l'époque où la société commence, celle où elle doit finir, et la date du dépôt fait aux greffes de la justice de paix et du tribunal de commerce.

58. L'extrait doit énoncer que la société est en nom collectif ou en commandite simple, ou en commandite par actions, ou anonyme, ou à capital variable.

Si la société est anonyme, l'extrait doit énoncer le montant du capital social en numéraire et en autres objets, la quotité à prélever sur les bénéfices pour composer le fonds de réserve.

Enfin, si la société est à capital variable, l'extrait doit contenir l'indication de la somme au-dessous de laquelle le capital social ne peut être réduit.

59. Si la société a plusieurs maisons de commerce situées dans divers arrondissements, le dépôt prescrit par l'article 55 et la publication prescrite par l'article 56 ont lieu dans chacun des arrondissements où existent les maisons de commerce.

Dans les villes divisées en plusieurs arrondissements, le dépôt sera fait seulement au greffe de la justice de paix du principal établissement.

60. L'extrait des actes et pièces déposés est signé, pour les actes publics, par le notaire, et, pour les actes sous seing privé, par les associés, en nom collectif, par les gérants des sociétés en commandite ou par les administrateurs des sociétés anonymes.

61. Sont soumis aux formalités et aux pénalités prescrites par les art. 55 et 56 :

Tous actes et délibérations ayant pour objet la modification des statuts, la continuation de la société au delà du terme fixé pour sa durée, la dissolution avant ce terme et le mode de liquidation, tout changement ou retraite d'associés et tout changement à la raison sociale.

Sont également soumises aux dispositions des articles 55 et 56 les délibérations prises dans les cas prévus par les articles 19, 37, 46, 47 et 49 ci-dessus.

62. Ne sont pas assujettis aux formalités de dépôt et de publication les actes constatant les augmentations ou les diminutions du capital social opérées dans les termes de l'article 48, ou les retraites d'associés, autres que les gérants ou administrateurs, qui auraient lieu conformément à l'article 52.

63. Lorsqu'il s'agit d'une société en commandite par actions ou d'une société anonyme, toute personne a le droit de prendre communication des pièces déposées aux greffes de la justice de paix et du tribunal de commerce, ou même de s'en faire délivrer à ses frais expédition ou extrait par le greffier ou par le notaire détenteur de la minute.

Toute personne peut également exiger qu'il lui soit délivré au siège de la société une copie certifiée des statuts, moyennant payement d'une somme qui ne pourra excéder un franc.

Enfin, les pièces déposées doivent être affichées d'une manière apparente dans les bureaux de la société.

64. Dans tous les actes, factures, annonces, publications et autres documents *imprimés* ou *autographiés*, émanés des sociétés anonymes ou sociétés en commandite par actions, la dénomination sociale doit toujours être précédée ou suivie immédiatement de ces mots, écrits lisiblement en toutes lettres : *Société anonyme* ou *Société en commandite par actions*, et l'énonciation du montant du capital social.

Si la société a usé de la faculté accordée par l'article 48, cette circonstance doit être mentionnée par l'addition de ces mots : *à capital variable*.

Toute contravention aux dispositions qui précèdent est punie d'une amende de cinquante francs à mille francs.

65. Sont abrogées les dispositions des articles 42, 43, 44, 45 et 46 du Code de commerce.

2975 PARIS. — IMPRIMERIE F. LEVÉ, RUE CASSETTE, 17.

SOCIÉTÉ GÉNÉRALE D'ÉDUCATION ET D'ENSEIGNEMENT

BUT ET ORGANISATION DE LA SOCIÉTÉ

Cette œuvre est bien certainement la grande œuvre de notre époque.
(Paroles de S. G. Mgr Richard, archevêque de Larisse, à l'Assemblée générale du 29 mars 1881.)

La *Société générale d'Éducation et d'Enseignement* a pour but de travailler à la propagation et au développement de l'instruction, fondée sur l'éducation religieuse.

Elle étudie toutes les questions qui se rattachent à l'enseignement. C'est la mission propre de ses comités permanents, qui sont au nombre de trois : 1° celui de l'Enseignement primaire, dirigé par M. E. Keller, ancien député ; — 2° celui de l'Enseignement secondaire, que préside le R. P. Lescœur, de l'Oratoire ; — 3° celui du Contentieux, où des jurisconsultes autorisés donnent des consultations gratuites sur les cas litigieux qui leur sont soumis.

Le *Conseil général* est chargé de la direction et de l'administration de la Société ; il contrôle et surveille les travaux des Comités, ainsi que la rédaction du *Bulletin* mensuel (1), revue spéciale des questions d'enseignement.

Toutes les ressources disponibles de la Société sont employées en subventions aux écoles chrétiennes libres.

Toute souscription annuelle de 5 francs confère le titre de membre de la Société, et donne droit à recevoir le compte-rendu des Assemblées générales annuelles.

Toute souscription de 10 francs donne droit à recevoir **gratuitement** le *Bulletin* mensuel.

Un don de 500 francs, versé en une seule fois ou en cinq annuités de 100 francs, confère le titre de membre fondateur.

(1) Le *Bulletin* paraît le 15 de chaque mois ; chaque année forme un numéro de 760 pages au moins.

www.ingramcontent.com/pod-product-compliance
Lightning Source LLC
LaVergne TN
LVHW010302230826
846091LV00007BB/2662

* 9 7 8 2 0 1 4 0 4 5 9 5 6 *